ENCUENTRO CON

Melanchthon

ENCUENTRO CON

Melanchthon

DR. SCOTT KEITH

Encuentro con Melanchthon: Una breve reseña biográfica de Philipp Melanchthon y algunas muestras de sus escritos

Scott Keith

Publicado en © 2024 por

1517 Publishing

PO Box 54032

Irvine, CA 92619-4032

ISBN (Paperback) 978-1-964419-01-5

ISBN (EBook) 978-1-964419-02-2

Traducido del libro *Meeting Melanchthon: A Brief Biographical Sketch of Philipp Melanchthon and a Few Samples of His Writing*
© 2017 Scott Keith
Publicado por NRP Books
Traducción por Cristian J Moran

Excepto donde se indique, las citas bíblicas están tomadas de la Nueva Biblia de las Américas™ NBLA™, © 2005 por The Lockman Foundation.

Contenido

Encuentro con Melanchthon

Introducción

A principios de este mes, impartí una clase sobre Philipp Melanchthon en la Iglesia Luterana Saint John de Fraser, Michigan. Al final de la clase, se me preguntó si podría recomendar una breve biografía sobre Melanchthon que fuera adecuada para el público general. Dije que, lamentablemente, no. La mayoría de las biografías breves están agotadas y son muy caras, y la mayoría de las obras modernas están escritas para un público académico. Así que decidí hacer una serie corta como breve introducción a la vida y la época de Philipp Melanchthon. A medida que seguimos celebrando el quinto centenario de la Reforma este año, creo que este folleto, que ya apareció anteriormente como una serie de publicaciones de blog en 1517Legacy.com, será útil y complementará bien los dos pódcast de *Thinking Fellows* sobre Melanchthon.

Actualmente, la mayoría de los eruditos consideran a Melanchthon como un enigma de la Reforma. Él, que desarrolló la doctrina reformada de la justificación forense, es, por el contrario, condenado como sinergista. Bien conocido como el preceptor protestante de Alemania, fue amigo de por vida, colega, profesor de griego y compañero reformador de Martín Lutero. A su llegada a Wittenberg, Melanchthon no era teólogo ni de oficio ni de formación. Era un experto de formación clásica en los idiomas clásicos, poeta neolatino, autor de libros educativos, erudito griego, humanista y, sobre todo, educador.

Las conferencias de Melanchthon en la Universidad de Wittenberg solían atraer a más de cuatrocientos estudiantes. Junto con su labor en el desarrollo del sistema educativo público alemán y en la reforma de las universidades alemanas, esto le valió el título de preceptor protestante de Alemania. Tanto en la forma como en la función, fue un teólogo y un reformador.

Melanchthon fue una de las principales influencias formativas en el desarrollo del protestantismo histórico como autor de la primera teología sistemática protestante y autor de la principal confesión de fe protestante. Su *Loci Communes Theologici* (*Temas comunes de teología*) fue utilizado por más de cien años como manual para pastores y maestros de la fe luterana, y a través de la *Confesión de Augsburgo*, casi todas las denominaciones protestantes han recibido su influencia.

Philipp Melanchthon era humanista, experto en lenguas y literatura clásicas, y desde muy joven destacó en hebreo, griego, latín, retórica, dialéctica y filosofía. Fue el hijo mayor de Georg, respetado herrero y fabricante de armaduras de cierta fama, y de Barbara, hija de un próspero comerciante. Nacido como Philipp Schwarzerdt, recibió el nombre de Melanchthon gracias a su tío abuelo Reuchlin, el famoso humanista, abogado y erudito hebreo. Esto ocurrió tras la muerte del padre de Melanchthon y se hizo a modo de cumplido para el joven y prometedor estudiante. El 11 de junio de 1511 obtuvo la licenciatura en humanidades en la Universidad de Heidelberg, y el 25 de enero de 1514 la maestría en humanidades en la Universidad de Tubinga. Los títulos le dieron el derecho a enseñar y dar conferencias sobre los clásicos.

Melanchthon fue llamado como profesor de lengua griega en la Universidad de Wittenberg el

26 de agosto de 1518, cuando solo tenía veintiún años. El griego y el estudio de las lenguas fueron los primeros amores y las verdaderas pasiones de Melanchthon, seguidos de cerca por la retórica, la dialéctica y la filosofía. Su pasión por estas disciplinas le valió un temprano reconocimiento. Melanchthon ya era un conocido líder humanista y profesor de retórica y dialéctica cuando llegó a Wittenberg. En 1517, ya había captado la atención del famoso humanista Erasmo de Rotterdam, quien, en una carta a uno de sus amigos, escribió: «Tengo un alto concepto de Melanchthon y grandes esperanzas puestas en él. ¡Que Cristo conserve a este joven entre nosotros dándole una larga vida!».

Fue en Wittenberg donde Melanchthon conoció al Dr. Martín Lutero. Juntos, los dos comenzaron su perpetuo viaje de reforma. Poco después de llegar a Wittenberg, Melanchthon comenzó a enseñar griego a Lutero. Esta instrucción tendría resultados trascendentales, pues dio a Lutero claridad sobre la fe. En 1519, escribió: «Pero más recientemente he seguido como mi maestro de griego a Philipp Melanchthon. Físicamente es un hombre joven, pero en cuanto a sus facultades intelectuales es un sabio anciano canoso».

Aunque se le ofreció un doctorado en varias ocasiones, no fue doctor en teología. Su erudición e inteligencia eran tales que, una vez, tras el debate de Leipzig de 1519, Lutero comentó: «La opinión y la autoridad de este solo hombre significan para mí más que muchos miles de miserables Ecks. Si este ingenioso gramático discrepara de mí, no dudaría en someter mi autoridad a él a pesar de yo ser maestro en artes, filosofía y teología y estar adornado con casi todos los títulos de Eck».

Los primeros años

Comienzos de su vida y educación

Philipp nació de Georg y Barbara Schwarzerdt, en Bretten, en 1497. Tuvo cuatro hermanos: Anna (1499), Georg (1500 o 1501), Margarete (1506) y Barbara (1508). Todos nacieron en casa de sus abuelos, en la ciudad residencial electoral sajona de Bretten. El padre de Melanchthon, Georg Schwarzerdt, nacido en Heidelberg, era maestro de fundición de artillería y tenía habilidad para forjar armaduras ligeras y duraderas. Por tales habilidades, Georg fue elevado al cargo de maestro armero electoral, lo cual le demandó permanecer en Heidelberg. Barbara, la madre de

Melanchthon, procedía de la acaudalada familia de comerciantes Reuter.

El abuelo de Melanchthon fue quien aseguró para Philipp y su hermano Georg, así como para dos nietos de la familia Reuter, una esmerada educación temprana en latín, contratando al conocido Johannes Unger de Pforzheim como tutor de los muchachos. La muerte del padre y del abuelo de Melanchthon, en 1508, puso fin a la infancia de Philipp, quien entonces tenía once años. A partir de ese momento, su educación y contribución al floreciente movimiento humanista de su época serían su vocación.

Johannes Reuchlin, famoso humanista y erudito hebreo, era tío abuelo de Philipp y asumió cierta responsabilidad en la educación universitaria de este. Luego de descubrir que Philipp era hábil en griego, y siguiendo la tradición humanista de su época, Reuchlin le dio el nombre griego de «Melanchthon». En marzo de 1509, Reuchlin exclamó: «Tu nombre es Schwarzerdt ("tierra negra" en alemán), eres griego y, por lo tanto, tu nuevo nombre será griego. Así pues, te llamaré Melanchthon, que significa tierra negra».

Educación universitaria

En 1509, Philipp ingresó en la Universidad de Heidelberg con la intención de obtener la licenciatura. En Heidelberg estudió filosofía, retórica, astronomía/astrología, latín y griego. Obtuvo la licenciatura en 1512, a la edad de quince años. Quiso ingresar en el programa de maestría de Heidelberg, pero el cuerpo docente se lo impidió, alegando que era demasiado joven para obtener el título. Es más probable que su gran inteligencia y capacidad a tan temprana edad hayan resultado intimidantes para el profesorado cómodamente instalado.

Siguiendo el consejo de Reuchlin, Philipp ingresó en el programa de maestría de la Universidad de Tubinga. Allí estudió filosofía, latín, griego, literatura clásica, derecho, medicina y matemáticas. Se graduó en 1516, a la edad de diecinueve años. Casi inmediatamente publicó una gramática griega que fue utilizada ampliamente en la enseñanza inicial del griego por muchos años.

En Wittenberg

Durante el año académico 1518-19, Philipp se incorporó al cuerpo docente de la Universidad de Wittenberg. Fue llamado a Wittenberg para ser profesor de griego. Había querido enseñar también teología, pero no estaba cualificado. Cabe señalar que, por formación, Philipp era esencialmente filólogo y clasicista, no teólogo. Como solución transitoria, se contentó con enseñar griego a sus alumnos enseñándoles a leer el Evangelio de Juan.

En Wittenberg continuó sus estudios tanto con Lutero como por su cuenta. Allí dominó el hebreo estudiando con Lutero, y teología por medio de un estudio más intenso con Lutero así como mediante una exégesis profunda del Evangelio de Juan y la Epístola de Pablo a la Iglesia de Roma. Philipp seguía deseando enseñar teología, pero para hacerlo necesitaba estar calificado. Así, en 1519, completó su tratado teológico (tesis) que le otorgó un título teológico y le permitió un segundo nombramiento (profesor de griego y teología). En sus tesis de bachillerato se utiliza por primera vez el término «imputación» para describir cómo la justicia de Cristo es impartida al creyente: «Toda justicia es una imputación de Cristo hecha por gracia».

Vida familiar y amistad con Lutero

Al principio, Lutero no sintió atracción por la amistad de Philipp, pues le parecía enfermizo y débil. Sin embargo, pronto llegaron a ser buenos amigos y compañeros. Lutero lo animó a casarse porque temía por su salud y bienestar. En 1521, Philipp se casó con Katharina Krapp, hija del alcalde de Wittenberg. Juntos tuvieron cuatro hijos: Anna (1522), Philipp (1525), Georg (1527) y Magdalena (1533). Aunque Lutero y Philipp aprendieron a ser buenos amigos, sus esposas nunca lo hicieron. Varios de sus colegas de Wittenberg contaron que a menudo las dos damas se negaban a estar juntas en la misma habitación.

La influencia de Lutero sobre el joven Philipp fue grande, y lo mismo ocurrió a la inversa. Philipp influyó en Lutero con los principios humanistas de *ad fontes* (un regreso a las fuentes), su conocimiento del griego y su variada erudición clásica. En 1519, Lutero dijo: «Pero más recientemente he seguido como mi maestro de griego a Philipp Melanchthon. Físicamente es un hombre joven, pero en cuanto a sus facultades intelectuales es un sabio anciano canoso». Lutero influyó en Philipp en los ámbitos de la teología —especialmente en la ley y el evangelio y la teología de la cruz vs. la teología de la gloria— y la búsqueda de un verdadero consuelo en la proclamación del evangelio.

Los dos hombres, inicialmente colegas y amigos reticentes, se convertirían en un equipo teológico casi imparable durante la Reforma.

La obra maestra de Melanchthon

Lutero es proscrito, Melanchthon trabaja intensamente

En 1521 —el mismo año en que Melanchthon contrajo matrimonio—, en la Dieta de Worms, Martín Lutero fue declarado culpable de herejía y sometido tanto a una bula papal como a una proscripción imperial. Esta significaba que se hallaba desterrado y que podía ser matado o encarcelado tan pronto como fuera visto. Solo la gracia y la rapidez mental de su elector, Federico el Sabio, le salvaron el pellejo. Federico trasladó a Lutero al castillo de Wartburgo para ponerlo a salvo. Sin embargo, mientras el Dr. Lutero luchaba contra la bula papal, confesaba la fe cristiana en Worms y escribía sermones para predicarlos en la Iglesia del Castillo y otros lugares, Melanchthon trabajaba en el desarrollo del primer «sistema» luterano de teología. Esta obra estaba destinada a ejercer una poderosa influencia en la Reforma luterana y marcó una época en la historia de la teología cristiana. La obra en cuestión se tituló *Loci Communes Theologici*, o *Temas comunes de teología*.

Primeras ediciones

La obra fue escrita originalmente durante los tumultuosos primeros años de la década de 1520 (la primera edición oficial se publicó en 1521) en Wittenberg, cuando los fanáticos aprovecharon el exilio de Lutero en el castillo de Wartburgo para provocar un caos total entre el pueblo. Melanchthon afirmó que, al escribir esta obra, su deseo era «hacer que todos los cristianos conocieran a fondo solo la Sagrada Escritura». La obra en la que Melanchthon estaba trabajando utilizaba un antiguo método que ordenaba tópicamente las categorías de pensamiento en *loci*, o temas de teología. Melanchthon, como varios teólogos anteriores a él, ordenó tópicamente los temas teológicos extraídos de las Sagradas Escrituras —concretamente de la Epístola de Pablo a los Romanos—.

En 1521, después de enviarla a Lutero para que la revisara, publicó la primera versión de los *Loci Communes Theologici*. Hacia fines de 1525 había publicado dieciocho ediciones en latín, además de varias tiradas de una traducción al alemán realizada por su colega Spalatin. Esta obra temprana se caracterizaba por un rechazo general de toda la filosofía, y en particular cualquier forma de filosofía aristotélica. Lutero afirmó que esta edición de los *Loci* debería añadirse al canon cristiano. La edición sigue un orden único (sintético), es decir, comienza por los asuntos de la salvación, hasta llegar a los medios de gracia, con Dios como autor de la salvación.

Ediciones intermedias

En el período comprendido entre 1533(5)-41, o de las ediciones intermedias, Melanchthon amplió considerablemente los *Loci* y cambió el estilo de ordenamiento soteriológico por uno sintético o creencial. En 1535 se produjo la gran controversia sobre el supuesto sinergismo al interior de la doctrina de la justificación en los *Loci*. Se dice que dentro de los *Loci* de 1535, Melanchthon afirma que «las buenas obras son necesarias para la salvación», en aparente oposición a la firme postura paulina adoptada en la edición de 1521. Además, es en esta edición de los *Loci* donde surge la problemática formulación de las tres «causas» de la conversión, consistentes en la predicación de la palabra, la obra del Espíritu Santo y la voluntad humana, que entonces no rechaza la obra del Espíritu Santo. Aunque Lutero no se opuso públicamente a esta edición de los *Loci*, son considerados como los primeros pasos de Melanchthon hacia un grave error doctrinal.

Ediciones posteriores

Las ediciones posteriores se publicaron entre 1543 y 1559, y la edición final se publicó justo un año antes de la muerte de Melanchthon, en 1560. Este período marca una expansión aun mayor de los *Loci*; esta edición cuadruplica el tamaño de la edición original de 1521. Ya no se encuentran las afirmaciones tratadas en este estudio, de «que las buenas obras son necesarias para la salvación», pero aún se incluye la controvertida formulación sobre las tres causas de la conversión. Además, este período denota una mayor dependencia de fuentes clásicas como Cicerón, Aristóteles y Homero.

Durante este período, Melanchthon emprendió la primera traducción que él mismo completaría de los *Loci* al alemán. Aunque Lutero aún vivía cuando se publicaron las ediciones de 1543, una vez más, él no condenó la formulación de Melanchthon sobre la conversión, sino que alabó la obra. Como una nota al margen, esta es la edición sobre la que Martin Chemnitz diserta y en la cual basa su *Loci Theologici*.

¿Por qué el método Loci?

En la epístola dedicatoria de las ediciones posteriores de los *Loci*, Melanchthon expone sin ambages sus razones para ordenar tópicamente la teología y la necesidad pedagógica de transmitir el método centrado en Cristo a la posteridad. Según Melanchthon, la ordenación de la teología en forma tópica y comprensible sirve de consuelo para quienes dudan: «Es útil tener un testimonio verdadero y transparente de los distintos artículos de la doctrina cristiana, ordenadamente divididos, como si estuvieran dispuestos sobre una mesa, a fin de que, cuando nuestro intelecto se vea forzado a dudar, o entregado a amenazas, veamos otra forma de pensar, que instruya a los que tiemblan, los levante, los confirme y los consuele». Además cita al salmista en una empática comprensión de que solo las Escrituras pueden proporcionar verdadera luz y consuelo en cuestiones de doctrina cristiana. Los fieles necesitan y no deben desconocer estos ejercicios de fe, respecto de los cuales el profeta ha dicho: «Tu Palabra es una luz para mis pies».

El segundo orden, al servicio del primero

Además, esta enseñanza debe transmitirse generacionalmente, desde los eruditos, que desarrollan y cuestionan las proposiciones, hasta los pastores enseñados por los eruditos, y hasta los feligreses que escuchan las palabras de proclamación de los pastores. Es una enseñanza tópica de segundo orden al servicio de una predicación categórica de primer orden sobre el perdón de los pecados.

En los *Loci*, Melanchthon muestra que los que, al igual que él, tienen la tarea de enseñar a quienes serán fieles pastores del rebaño de Dios, la Iglesia, deben urgentemente mostrar diligencia y amor por la verdad escritural. Los dones de enseñanza de segundo orden deben transmitirse al pueblo mediante la predicación de primer orden de los «ministros del evangelio». Un ministro es alguien que cura. La curación del pecador llega a través del perdón de los pecados otorgado en el mensaje proclamado y categórico del evangelio. Por tanto, Melanchthon dedicó el tiempo necesario a los temas de segundo orden a fin de enseñar a quienes verdaderamente perdonarán los pecados en una forma categórica de primer orden —siendo ministros del evangelio de Jesucristo—.

Todo gira en torno al evangelio de Cristo

Lo imperativo en todo lo que establece el ordenamiento de los temas teológicos de Melanchthon es una confianza en la justificación del pecador ante Dios por causa de Cristo, insuflada en los hombres mediante la proclamación de las Sagradas Escrituras, y concretamente el evangelio de Cristo.

Trabajo y más trabajo

Primeros días en Wittenberg

Contrariamente a la opinión popular, Melanch-thon nunca ejerció de párroco. A diferencia de Lutero, no fue conocido como predicador. Sin embargo, como señala John Schofield en su obra *Philipp Melanchthon and the English Reformation*, su licenciatura en teología, obtenida en Wittenberg en 1519, y su nombramiento como profesor de la Universidad de Wittenberg, lo convirtieron en el primer profesor de griego ordenado de Alemania.

En 1525, él y Lutero recibieron un permiso especial para estudiar y enseñar lo que quisieran en la universidad, aunque Melanchthon siguió enseñando griego. Para Melanchthon, el griego era más que una asignatura que aprender y enseñar; era la raíz del aprendizaje, y él creía que un conocimiento deficiente del griego conducía a una teología deficiente. En lugar de Lutero, que seguía bajo proscripción imperial, Melanchthon se convirtió en el portavoz de la Reforma en ias dietas imperiales, los salones principescos y los coloquios teológicos.

A partir de 1519, Melanchthon comenzó a desarrollar su teología. En sus tesis de bachillerato, utilizó el término «imputación» para describir cómo la justicia de Cristo se imparte al creyente. La imputación es una transferencia de un beneficio o daño de una persona a otra. En teología, la imputación se utiliza negativamente para referirse a la transferencia del pecado y la culpa de un hombre, Adán, al resto de la humanidad. Positivamente, la imputación se refiere a la transferencia de la justicia de un hombre, Cristo, a quienes creen en él para salvación. Melanchthon dice: «Toda justicia es una imputación de Cristo hecha por gracia».

Este desarrollo muestra un avance asombroso en la lucha contra el punto de vista católico romano escolástico medieval tardío de la justicia infusa, y en muchos sentidos, fue el corazón de la Reforma. Es en el desarrollo de la doctrina de la justificación forense por la fe que Melanchthon realizó su principal contribución al desarrollo teológico de la Reforma.

Un único foco de atención

La proclamación de la gratuita gracia de Dios declarada al pecador por causa de la persona y la obra de Cristo Jesús fue el pilar del desarrollo doctrinal de Melanchthon. A medida que este único punto focal impregnó su mundo intelectual, lo llevó a desarrollar sistemáticamente el mensaje de la Reforma. El método de los *loci*, o método tópico, utilizado por Melanchthon para «hacer teología», le exigía identificar un tema o doctrina central y luego construir todas las demás doctrinas a partir de esa enseñanza central. Para Melanchthon, el centro era la salvación solo por gracia, solo mediante la fe y solo por causa de Cristo. Esto se ve claramente en sus *Loci Communes*, la *Confesión de Augsburgo* y la *Apología de la Confesión de Augsburgo* (*Apología*).

Tres períodos de influencia

La carrera teológica de Melanchthon puede segmentarse en tres períodos distintos. El primer período fueron los primeros años. Durante este período, Melanchthon comenzó a dar conferencias y produjo las primeras ediciones de los *Loci Communes*. El segundo período fue la época del trabajo intenso y las maniobras teológicas. Este período siguió a la redacción de la *Confesión de Augsburgo* y la *Apología* y representó un tiempo de intensa escritura y embajada teológica por parte de Melanchthon. Por último, el tercer período fue posterior a la muerte de Lutero, y se caracterizó por el escándalo y el caos, tanto al interior del luteranismo en general como en la vida y las obras de Melanchthon, más concretamente.

Una figura controvertida

A diferencia de Lutero, en sus últimos años Melanchthon fue menos claro y lúcido en sus desarrollos teológicos. Los desarrollos teológicos posteriores de Melanchthon sufrieron cambios al hacer concesiones desafortunadas que a menudo llevan a los teólogos e historiadores modernos a considerarlo un traidor, un sinergista y un cripto-calvinista. En la mayoría de los casos, se exagera el verdadero impacto de sus cambios teológicos posteriores. Muchos de los cargos que se le han imputado, aunque en algunos casos eran ciertos respecto de sus seguidores, no lo eran necesariamente en lo que a él concernía. Sería difícil probar las acusaciones de sinergismo, criptocalvinismo y justicia por obras a partir de una lectura de los propios escritos teológicos de Melanchthon extraídos de las fuentes primarias.

Cambios desafortunados

Sin embargo, Melanchthon introdujo en sus escritos varios cambios desafortunados que, en el mejor de los casos, confundieron a los seguidores y partidarios de Lutero, y en el peor, los hicieron sentirse abandonados por Melanchthon. En los *Loci Communes* realizó al menos tres grandes conjuntos de cambios, y en múltiples ocasiones reescribió la *Confesión de Augsburgo*. El nombre de Melanchthon se ha asociado frecuentemente con la controversia y la divergencia respecto de la «norma luterana» o el «luteranismo auténtico». Es un legado desafortunado para uno de los padres del luteranismo, las confesiones luteranas y la teología sistemática luterana.

Influencia duradera

Su influencia va mucho más allá de la controversia y puede verse no solo en los escritos de Lutero, sino también en las confesiones luteranas posteriores, sobre todo en la *Fórmula de la Concordia*, así como en el desarrollo doctrinal de la ortodoxia luterana posterior. En el peor de los casos, su legado es el de un confuso contemporáneo y descendiente de Lutero. Como mínimo, debería considerárselo un influyente reformador y redescubridor original de la doctrina de la imputación y la justificación forense solo por la fe. Como erudito brillante y líder inepto, su obra no debe descartarse por su aparente falta de fortaleza. No era un Lutero, pero los que consideramos el luteranismo histórico como una exposición correcta de la doctrina bíblica estamos en una gran deuda con este hombre, el ratón de biblioteca por excelencia durante el período de la Reforma.

El día en que nació la Iglesia Luterana

Por orden del emperador

Para desarrollar un frente unido contra los turcos, el emperador Carlos V decretó que una dieta imperial se reuniría en Augsburgo para tratar, entre otras cosas, el «problema evangélico». El emperador anunció que la dieta se reuniría el 8 de abril de 1530.

Antes de la dieta, las perspectivas de los nuevos protestantes evangélicos no eran nada esperanzadoras. El emperador había completado su conquista de Italia y ahora estaba en posición de enfrentarse a Lutero y los suyos. Necesitaba que quienes protegían a estos protestantes se alinearan y lo ayudaran a luchar contra los turcos. El único obstáculo que quedaba ante el emperador era la cuestión no resuelta de Alemania. La agitación religiosa ya había durado bastante, y era hora de actuar. Para empeorar aun más las cosas, los príncipes evangélicos parecían estar irremediablemente divididos.

Los *Artículos de Torgau*

El príncipe elector Juan de Torgau encargó a Lutero y a algunos de sus colegas, entre ellos Melanchthon, que preparasen un documento en el que se tratasen especialmente «aquellos artículos por los cuales se dice que continúa la división, tanto en la fe como en las costumbres y ceremonias eclesiásticas externas». El grupo elaboró la declaración y la presentó al elector en Torgau. Este documento llegó a ser conocido como los *Artículos de Torgau*. El documento enviado a Torgau trató los siguientes artículos de fe: Las doctrinas y ordenanzas humanas, el matrimonio de los sacerdotes, las dos especies en la misa, la confesión, el poder de los obispos, la ordenación, los votos monásticos, la invocación de los santos, el canto alemán, la fe y las obras, el oficio de las llaves (papado), la proscripción, el matrimonio, y la misa privada.

Artículos de la pluma de Lutero

Los *Artículos de Marburgo* fueron redactados por Lutero y constituyeron la declaración de fe luterana inicial. Lutero redactó estos quince artículos en 1529, seis meses antes de la Dieta de Augsburgo. Existe la creencia generalizada de que Melanchthon basó las enseñanzas de la *Confesión de Augsburgo* en los *Artículos de Marburgo*. Aunque pueda ser cierto que Melanchthon utilizó los *Artículos de Marburgo* como documento fundacional de la *Confesión de Augsburgo*, lo que desarrolló en Augsburgo es una obra mucho más completa y, obviamente, lleva tanto la marca de su estilo singular como de su enfoque erudito.

Durante una escala en Coburgo, mientras viajaba a Augsburgo, Melanchthon recibió el encargo de escribir lo que se consideraría una vindicación de por qué el elector de Sajonia había administrado la religión en sus tierras. Lutero, que seguía siendo considerado hereje y proscrito, no pudo asistir a la dieta, aunque quería desesperadamente ir. Lutero dejó la dieta en manos de Melanchthon, que se convirtió en el principal representante de Lutero allí.

De la pluma de Melanchthon

Melanchthon escribió la *Confesión de Augsburgo*, aunque se comunicaba diariamente por carta con Lutero, asegurándose de que todo fuera de su agrado. Los católicos habían confiado en Johann Eck, un famoso teólogo, para exponer sus argumentos. Lo hizo a través de algo llamado las *Cuatrocientas cuatro tesis*. La *Confesión de Augsburgo* pretendía ser, en cierto modo, una refutación de las *Cuatrocientas cuatro tesis* de Eck. En ellas, Eck consideró necesario citar fuera de contexto a Lutero, Melanchthon y otros reformadores como Karlstadt y Zwinglio, y los tachó a todos de herejes. Lo que se utilizó como defensa contra Eck fue la confesión protestante de fe evangélica de Melanchthon, la *Augustana* (*Confesión de Augsburgo*).

Melanchthon había colaborado en la redacción de los *Artículos de Schwabach* y de *Marburgo*. Utilizó estos documentos previos y reelaboró sus ideas para adaptarlas a la nueva situación. Melanchthon se angustió mucho por la falta de tiempo para redactar la *Augustana*. Nunca estuvo satisfecho con su propia producción literaria, y la *Confesión de Augsburgo* no fue una excepción.

Melanchthon creía que estaba recopilando la verdadera doctrina evangélica. Esta nueva doctrina evangélica había sido desarrollada, al menos en gran parte, por Lutero. Melanchthon valoraba mucho la opinión de Lutero y le envió el primer borrador para que lo examinara. Lutero se lo devolvió con palabras de elogio. Esta confesión no sería la teología de Lutero ni la de Melanchthon, sino la de los evangélicos confesantes. No pertenecía a Lutero ni a Melanchthon; pertenecía a Cristo.

La presentación

El 15 de junio de 1530 se leyó la confesión. Como era costumbre de Melanchthon, la *Confesión de Augsburgo* fue mejorada, pulida, perfeccionada y parcialmente «vuelta a fundir» hasta el momento mismo de su lectura. Aun después de que Lutero leyera el documento, se hicieron muchos cambios. No sería sino hasta el 23 de junio que los asistentes firmarían la *Confesión de Augsburgo*. El 24 de junio, el cardenal Campeggio abogó por la supresión total de las sectas protestantes. El 25 de junio, Christian Bayer leyó por segunda vez la *Augustana* al emperador y a una parte de la asamblea. Lo que Melanchthon había preparado en Augsburgo se convertiría en el primer credo formativo de la nueva Iglesia Luterana. El Dr. Bayer leyó el documento en voz tan alta que incluso fue oído claramente por quienes estaban fuera de la sala, aunque se dice que el emperador durmió durante la trascendental ocasión.

Firmantes y héroes

En junio de 1530, los príncipes y electores de los estados protestantes libres de Sajonia firmaron la *Augustana*. El historiador luterano F. Bente dice que los firmantes fueron «héroes cristianos, que no temieron poner sus nombres bajo la Confesión, aunque sabían que podría costarles bienes, sangre, y su vida e integridad física». Entre estos héroes se encontraba el elector Juan. Bente también señala que «cuando Melanchthon llamó la atención del elector sobre las posibles consecuencias de firmar la *Confesión de Augsburgo*, este respondió que haría lo correcto, sin preocuparse por su dignidad electoral; confesaría a su Señor, cuya cruz apreciaba más que todo el poder del mundo». La firma de la *Confesión de Augsburgo*, el 30 de junio de 1530, es considerada por muchos el día en que nació la Iglesia Luterana.

¿Libertino irrestricto o guardián de la ley?

A todos nos gusta una buena controversia

El final de la década de 1520 llegó acompañado de controversias para los luteranos en ciernes y para Melanchthon. Entre ellas estaba la que se conocería como Controversia antinomiana. Johannes Agricola, colega y predicador, había empezado a argumentar que ya no era necesario predicar la ley a los cristianos porque el individuo regenerado estaba libre del poder de la ley.

Al mismo tiempo, a finales de la década de 1520 y principios de la de 1530, la teología de Melanchthon se volvió totalmente dependiente de la idea de que la justificación es un acto puramente forense por el que el pecador injusto es declarado justo a causa de Cristo (*propter Christum*). Para Melanchthon, el problema de esta formulación radica en que deja poco espacio para las buenas obras, aun de tipo exterior o civil.

La ley sistematizada

Con su inclinación humanista hacia la necesidad de una reforma moral y teológica de la Iglesia, Melanchthon no podía permitir que esto se mantuviera. Además, su necesidad de lograr la claridad de definición que exigía el método *loci* no se beneficiaba permitiendo que este «cabo suelto» quedara sin atar. Así, en la edición de 1535 de los *Loci*, desarrolló la idea de los usos —o, más propiamente, las funciones— de la ley. Esperaba que esta formulación pusiera fin a la controversia sobre la predicación de la ley y demostrara de una vez por todas que los cristianos necesitaban seguir oyendo la ley. En 1535, intentó aclarar por qué era así.

Así pues, en la edición de 1535 de los *Loci*, la definición de la ley se exagera y amplía para incluir tres usos —o funciones—, y a cada uno se le asigna un conjunto claramente definido de categorías en las que actúa.

Primera función

La primera función de la ley, delineada por Melanchthon, es la que habrían utilizado Lutero y todos los reformadores. Se trata de la función civil de la ley. Esta función no solo restringe el pecado, sino que además es conocida por todos, regenerados y no regenerados por igual. Puede conducir y conducirá a un cierto tipo de conocimiento de Dios, un conocimiento simple de su existencia y un temor a él.

Según esta función de la ley, Dios concede el orden civil a todos los hombres. Establece el gobierno para el bien común, y esta función contiene amenazas y promesas. Melanchthon dice: «Y para esta disciplina, Dios ha ordenado (1) magistrados; (2) la ley; (3) instrucción común; (4) castigos; (5) sufrimiento humano. También son pertinentes las palabras de Pablo en Gálatas 3:24: "De manera que la ley ha venido a ser nuestro guía para conducirnos a Cristo"». (*Nota*: ¡A Melanchthon le encantan las listas!)

Segunda función: ¡la auténtica!

La segunda función de la ley es la función teológica. Esta no forma parte de la ley de la naturaleza, sino que es una y la misma con la ley divina de Dios. La función principal de la ley es acusar y conducir al pecador al arrepentimiento y a Cristo. Melanchthon dice: «La segunda función pertenece a la ley divina, y es la función principal; nos muestra nuestro pecado, nos acusa, nos petrifica y condena la conciencia». La principal función de la ley es condenar. Como ya se ha dicho, la ley no puede conducir a la salvación. Así pues, su función principal es aterrorizar la conciencia del pecador. De hecho, esta función de la ley hace incluso más: «Esta comprensión enseña del mismo modo que la ley aterroriza la conciencia, porque siempre nos acusa, y no solo nos hace acusaciones, sino que nos muestra nuestra debilidad natural y nos condena por nuestra ignorancia de Dios, nuestro desprecio de Dios y otras inclinaciones similares nuestras».

Tercera función: Cristianos, esta es para ustedes

Al enseñar al creyente la tercera función de la ley, Melanchthon afirma que (1) la tercera función de la ley es para los justificados por la fe; (2) los instruye sobre las buenas obras y la obediencia; (3) el regenerado está libre de la ley en lo que atañe a la justificación; (4) en lo que atañe a la obediencia, la ley permanece como una regla, no como un martillo; (5) la obediencia debe iniciarse en los regenerados para que cumplan al menos una parte de la ley; (6) pero esto no es para la salvación, pues esta se debe a Cristo; (7) sino que es por causa de la obediencia, pues pertenece a las buenas obras. En el punto de vista y el método con que Melanchthon define la ley se halla presente una suposición ontológica. Esta parece ser que, al menos en algún nivel o bajo alguna función, el cristiano es capaz de lograr la justicia en relación con ella. Melanchthon es lo bastante sofisticado como para intentar evitar las consecuencias explícitas de este tipo de pensamiento. Sin embargo, está implícito y debe exponerse, tanto si lo considera una exposición necesaria como si no. Así, en Melanchthon, aunque la ley no pueda salvar, el evangelio correctamente entendido conduciría al menos a una justicia exterior, que puede medirse por la tercera función de la ley.

Claramente poco claro

Quizá el problema es que los primeros intentos de claridad por parte de Melanchthon dejaron muchas preguntas sin responder. A la primera pregunta planteada: «¿Impone, la tercera función de la ley, la obligación de que el regenerado "haga algo" para salvarse?», la respuesta, al menos desde los *Loci* de 1535, es negativa. A la segunda pregunta: «¿Dónde se encuentra la acción en la teología de Melanchthon? ¿Se halla en el lado de Dios, o en el lado de los regenerados?», la respuesta es ambas, como puede verse en la fórmula de Melanchthon. Este dice: «La tercera función de la ley en los justificados por la fe es aquella que los instruye sobre las buenas obras, y les enseña qué obras son agradables a Dios». Sin embargo, se extiende diciendo: «Pero ahora que estamos justificados, es necesario obedecer a Dios».

Pero al menos se evitó la crisis, ¿verdad?

La verdad es que no. El intento de Melanchthon de calmar la tormenta con esta formulación acabó por fracasar. Como ya se ha dicho, dejó demasiadas preguntas sin respuesta. Los antinomianos seguían afirmando que la ley no era necesaria. Otros confiaban demasiado en la ley, enseñando que esta podía hacer cosas que las Escrituras niegan que haga. Algunos creían que la ley era para el uso de ellos más que de Dios. Los luteranos posteriores intentaron nuevamente aclarar las cosas en la Fórmula de la Concordia. Los formuladores de la Fórmula expusieron maravillosamente las funciones de la ley y sus límites. Sin embargo, por desgracia, aun cuando la Fórmula había establecido la «doctrina oficial», la Controversia antinomiana persistió y quizás lo sigue haciendo hasta el día de hoy.

Un hombre de conflictos

Los primeros pasos en falso

Melanchthon era un retocador consumado y nunca estaba plenamente satisfecho con nada de lo que escribía. Inmediatamente después de la presentación de la *Confesión de Augsburgo* y la publicación de la *Apología*, comenzó a introducir cambios en la *Confesión de Augsburgo*. Estos cambios se conocen como la *Variata*, o *Confesión de Augsburgo* alterada. Hasta 1540, se trató sobre todo de cambios menores en la redacción. Sin embargo, en 1540 y 1542, Melanchthon introdujo cambios en el Artículo X, los cuales causaron una considerable controversia. En el Artículo X de la *Variata*, Melanchthon hace que el lenguaje sobre la presencia de Cristo en la cena del Señor sea menos preciso a fin de que el artículo resulte más aceptable para los reformados. Aunque estos cambios no eran extremos, no deberían haberse hecho, pues hombres se habían jugado la vida por lo que habían firmado originalmente en 1530. Cambiar un documento por cuya defensa hombres habían comprometido sus vidas, reputaciones y fortunas fue, sin duda, un error.

Predicar o no predicar la ley

A lo largo de su vida, Melanchthon se vio envuelto en numerosas controversias internas y externas. La mayoría de ellas se produjeron tras la muerte de Lutero, pero algunas mientras vivía. Entre ellas destaca la llamada Controversia antinomiana con Johannes Agricola. En 1525, sin que él lo supiera, se publicaron los *Artículos de Visitación de Sajonia* que Melanchthon había escrito para instrucción de los pastores luteranos. En ellos, Melanchthon decía: «La predicación de la ley incita al arrepentimiento», y «la ley debe predicarse para aterrorizar». Johannes Agricola, que buscaba ser profesor de teología en Wittenberg, se opuso, afirmando: «La ley ha sido abolida por el evangelio y el arrepentimiento no debe proceder del conocimiento de la ley, sino del evangelio». Esto dio lugar a una rigurosa batalla de publicaciones que duró desde 1527 hasta 1556.

Tras la muerte de Lutero

En 1548 comenzaron las controversias en torno a la participación de Melanchthon en los Ínterin de Leipzig y Augsburgo. En mayo de 1548, el emperador y sus ejércitos derrotaron a la coalición de príncipes evangélicos llamada Liga de Esmalcalda. El emperador impuso a las tierras evangélicas una serie de prácticas religiosas que traían de vuelta muchas prácticas católicas romanas (papistas). Este «acuerdo de concesiones mutuas» se denominó el Ínterin de Augsburgo.

El Ínterin de Augsburgo no fue un acuerdo en absoluto, y esto fue inaceptable para los teólogos luteranos. Más tarde, ese mismo año, Melanchthon colaboró en la redacción del Ínterin de Leipzig que, según él, protegería la justificación mientras transigiría en cosas indiferentes. Principalmente, Melanchthon transigió en la práctica del culto, permitiendo que algunas de las prácticas católicas romanas más objetables volvieran a introducirse en el culto luterano. Muchas de esas prácticas han vuelto a introducirse en el culto luterano, pero eso es tema para otro artículo.

Las concesiones cultuales de los Ínterin le causaron muchos problemas a Melanchthon. La Controversia de los Ínterin desembocó en la Controversia adiaforística (1548-55) con los gnesioluteranos (auténticos luteranos). Su principal antagonista en esta lucha fue Mattia Flacio. Flacio y otros sostenían que era erróneo observar ceremonias normalmente consideradas indiferentes si dichas prácticas eran impuestas por la fuerza. En tales casos, se crea una falsa impresión, dando a entender que tales prácticas son necesarias cuando en realidad no lo son. Los gnesioluteranos confesaron: «Nada es un adiáforon cuando de por medio hay confesión y ofensa».

La Controversia Majorista fue provocada por el profesor Georg Major (1502-74), de la Universidad de Wittenberg. Major enseñaba que «las buenas obras son necesarias para la salvación» y que «es imposible que un hombre se salve sin buenas obras». Fue atacado por varios gnesioluteranos, especialmente Mattia Flacio. Se consideró que, en los Ínterin, Melanchthon estaba del lado de Georg Major en la idea de que las buenas obras son necesarias para la salvación, pues en los *Loci Communes* de 1535, Melanchthon parece afirmar lo mismo.

La Controversia sinergística (1535-60) supuso para Melanchthon un cambio de ideas sobre la libertad del albedrío y la responsabilidad del hombre en la conversión. En los *Loci Communes* de 1535, siguiendo a Aristóteles, Melanchthon escribió que, en la conversión, hay tres causas cooperantes: (1) la palabra de Dios, (2) el Espíritu Santo, (3) y la voluntad del hombre, que no resiste a la palabra de Dios. En realidad, Melanchthon enseñó que la voluntad era la causa material o la cosa cambiada por la palabra y el Espíritu, pero la confusión y la acusación de sinergismo persistieron.

¿Quién lideró a los luteranos tras la muerte de Lutero?

La respuesta obvia es Philipp Melanchthon. Pero las numerosas controversias, sus modificaciones a los *Loci Communes* y a la *Confesión de Augsburgo*, así como su posición en los Ínterin, pusieron en duda su capacidad de liderazgo. Por lo tanto, la pregunta pasó a ser: «¿Eres gnesio o filipista?». Un gnesioluterano creía que tenía las de ganar, sobre todo en las cuestiones relacionadas con la esclavitud de la voluntad y las *adiáforas*. Los filipistas se autodenominaban seguidores de Melanchthon y creían encarnar el verdadero espíritu de la teología de Wittenberg. La verdad es que ninguno de los dos bandos poseía todas las cartas, como ilustrarían los compromisos de la *Fórmula de la Concordia*. La verdadera cuestión no era «¿Quién sigue a Lutero?», sino qué era bíblico y estaba en consonancia con las enseñanzas de las Iglesias de la *Confesión de Augsburgo*. La respuesta dada en la teología de la *Fórmula de la Concordia* es una mezcla de Lutero, Melanchthon y muchos otros que dieron forma a la Reforma luterana.

Conclusión

La búsqueda

Así llegamos al final de nuestra breve investigación sobre Philipp Melanchthon: su teología, enseñanzas y escritos (especialmente los *Loci Communes*) y su papel como embajador teológico, reformador y buen amigo de Martín Lutero. Esta breve serie ha procurado mostrar, además, que muchos, si no todos, los intentos de revelar o identificar tensiones o errores en la teología de Melanchthon han sido principalmente fruto de presupuestos anacrónicos sobre discrepancias con Lutero, o se trata de problemas basados en relevancias sistemáticas y dogmáticas modernas.

Es de esperar que esta búsqueda haya dado lugar a la recuperación de una figura de la Reforma que se dedicó a la doctrina bíblica de la justificación solo por gracia, solo por medio de la fe, llevada al pecador mediante la proclamación del evangelio de Cristo, y vivida en las vidas de los cristianos de todo el mundo.

A la vez, se ha intentado presentar un marco de referencia adecuado para comprender con precisión las preocupaciones sistemáticas de Melanchthon sobre la naturaleza de la fe, la gracia y la necesidad de las buenas obras en la vida cristiana. Estas se expresan en muchos de sus escritos, tales como los *Loci Communes* (en diversas ediciones), la *Confesión de Augsburgo* y la *Apología de la Confesión de Augsburgo*.

La teología de Melanchthon

Una de las formulaciones teológicas de Melanchthon fue su conclusión de que las buenas obras son necesarias; que se componen de actos de amor y de la predicación del evangelio a las almas necesitadas, y que no adquieren la salvación, sino que fluyen de ella. Su búsqueda de claridad en las definiciones estaba inseparablemente vinculada con sus tareas exegéticas y teológicas: una explicación clara del texto en sí y el establecimiento de un orden lógico extraído inductivamente del texto y revelado mediante el mecanismo de los *loci*. El resultado es que la claridad en la definición de palabras individuales en el libro de Romanos, mediante el método de los *loci*, solía ser tan determinante para el sentido de orden de Melanchthon, como el conjunto del contenido o la organización general de Romanos en sí.

Hemos visto la importancia de los estudios clásicos y del humanismo bíblico en el pensamiento de Melanchthon, así como los problemas en los que a veces tropezó por confiar demasiado en su educación humanista. Juntos, el humanismo de Melanchthon y su conocimiento de las Escrituras lo llevaron a una nueva comprensión de la justificación, la fe y la necesidad de las buenas obras.

Celebración de un aniversario

Al celebrar el quinto centenario de la Reforma, muchos teólogos modernos parecen desear una Reforma —o al menos un luteranismo— sin Melanchthon y su humanismo. Sin embargo, la Reforma luterana no fue así. La Iglesia de hoy debería aprender de Melanchthon a comunicarse con el mundo de su tiempo, no rehuyendo su cultura (como en el caso del posmodernismo), sino dominando la capacidad de comunicarse con ella.

Una alianza inestable

La alianza entre el humanismo y el cristianismo, que alguna vez resultó tan útil, debería renovarse hoy. El hombre posmoderno está recién empezando a sentir el dolor de la desesperanza que producen sus ideaciones nihilistas. El vacío espiritual, la falta de sentido y la bancarrota de esta época son evidentes por todas partes. Una vez más debe compartirse la necesidad del mensaje de la justicia que solo se debe a Cristo; y hacerlo es tarea del cristiano, como afirmó correctamente Melanchthon. Forma parte de la definición de ser cristiano.

El final

Nacido en 1497, Melanchthon murió el 19 de abril de 1560. Hacia el final de su vida, se hallaba tan atacado y envuelto en polémicas que deseaba la muerte para poder reunirse con su amada esposa, muerta unos años antes. Mientras agonizaba, se volvió hacia su yerno, médico, y oró: «Señor, sálvame de los desvaríos de los teólogos».

En la gloria, aquellas preocupaciones han quedado ya muy atrás para Melanchthon. Alabado sea Dios.

Al volver a trazar los pasos de Melanchthon —humanista, filólogo y teólogo—, quizá hayamos desvelado el camino por el que los hombres de nuestro tiempo podrían hallar esperanza y sentido tanto en la vida venidera como en la presente.

El método de los "Loci Communes"—1526

By Philipp Melanchthon[1]

Philipp Melanchthon (1497-1560) fue colega y compañero reformador de Martín Lutero. Sus logros son numerosos, pero, quizás, su logro teológicamente más importante fue la redacción de la primera teología sistemática protestante, los *Loci Communes Theologici*. Para llevar a cabo su ordenamiento de los temas teológicos, Melanchthon utilizó el antiguo método de los *loci*, u ordenamiento por temas. En este pequeño tratado, Melanchthon explica sus razones para utilizar el método de los *loci*, así como algunas de sus formas particulares de emplearlo.

Los filósofos han considerado útil organizar las cosas de esta vida en categorías. Al principio, se ocuparon de las cosas de la naturaleza, como la vida y la muerte, y luego, de la forma de las cosas. Pronto, la gama fue aun más amplia, clasificando cosas tan distantes como el destino, la influencia, el esplendor, los días de nacimiento y los honores. Más tarde, distinguieron aquellas cosas sobre las que los humanos tenemos alguna capacidad de control, como las virtudes y los vicios. El beneficio de toda esta organización es que el estudio de estos temas tiene un marco de operación, asegurando tanto amplitud como profundidad en nuestro pensamiento y aplicación. Es decir, esta organización ayuda a evitar que nos desviemos hacia temas secundarios irrelevantes. Nos mantiene centrados en las cosas correctamente tratadas dentro de un tema concreto. Por ejemplo, en la teología se encontrarían —como mínimo— la fe, las ceremonias y el pecado. En el estudio del derecho, los temas incluirían la equidad, los servicios, el crimen y el castigo, el juez, el abogado y cosas así.

Así que, con estos antecedentes, mi opinión es la siguiente: si te propones estudiar o entender correctamente algún tema de los asuntos humanos, debes, con diligencia y disciplina, llevar tu estudio a cabo utilizando un marco apropiado y sólido. Del mismo modo, si tu tarea consiste en juzgar correctamente los estudios que otros han hecho de tales cosas, también tendrías que numerar correctamente estos temas. Y por si eso no basta, añadiré que el uso de categorías adecuadas es de gran ayuda a la hora de memorizar.

Espero que ya puedas entender por qué pienso que la discusión académica —y me atrevería a decir inteligente—, así como el estudio de todas las cosas de esta vida, deberían ordenarse por temas comunes, como las virtudes y los vicios y otros temas y formas comunes. Y repito: este debería indudablemente ser el caso del estudio académico.

Creo también que este método —un marco cuidadosamente organizado— debería utilizarse de manera general (es decir, fuera de la academia) para cualquier asunto que pueda entenderse por temas. Esto incluiría cualquier debate concerniente a ideas trascendentales como el destino, la riqueza, el honor, la vida, la muerte, la virtud, la prudencia, la justicia, la liberalidad o la templanza. Y no dejo de lado algunos de los conceptos opuestos, como la pobreza, la desgracia, el exilio, la dureza de la injusticia, el oprobio o los excesos que se derivan del lujo.

No soy el único que piensa así. Rodolphus Agricola tiene una carta muy bien compuesta

sobre esta idea, al igual que Erasmo, en su *Copia*
donde expresa elocuentemente lo que opina sobre
su uso[2]. De hecho, Erasmo sugiere que el creci-
miento de esta «metodología marco» —conocida
entre estos eruditos como el método de los *loci
communes*— se verá favorecido si leemos todo
lo posible antes de disponernos a organizar los
temas. En su obra, toma un tema, como los vicios
y las virtudes, parte por parte. Luego separa el
tema en subtemas. Esto es natural, puesto que,
como he insinuado, tales subtemas ya se encuentran en las cosas mismas. Por ejemplo, el principio de la mortalidad se halla dentro del tema de la
vida y la muerte. Luego Erasmo distribuye estos
subtemas al interior del marco general según su
relación entre sí o su resistencia a los demás.

Hay algunas reglas que deberíamos seguir al
utilizar el método de los *loci communes*. Una regla
sería entender los temas que son afines y los que
son opuestos. Para dar un ejemplo, comencemos
con lo que creo que es el tema fundacional de
la vida humana, que es la piedad y la impiedad.
Estas dos deberían entenderse como tipos afines,
pero distintos. La primera subcategoría dentro de
la piedad es el amor a Dios, la segunda es el amor
a la patria (patriotismo), y la tercera es el amor de
los padres a los hijos (como también de los hijos a

los padres, lo cual exige que honren a sus padres y también a sus maestros). Como una rápida nota al margen, les recuerdo que este tipo de piedad nos beneficia a todos.

Bajo la categoría de la impiedad colocaríamos la superstición, que a su vez incluye un amplísimo abanico de monstruosos cultos a otros dioses (basta con ver las variadas ceremonias de diversos pueblos paganos). Otras subdivisiones dentro de la impiedad incluirían la invocación de la fe (equivocada) en amigos, enemigos y otras personas traicioneras.

Otro ejemplo es el tema de la bondad. A mi modo de ver, dentro de ella debe incluirse la gratitud. Además, la gratitud no solo se encuentra en el tema de la bondad, sino también en su opuesto. Es más, la gratitud es un subtema de la fidelidad. Sin duda, también está presente en otros temas y es importante en todos ellos. No obstante, dentro de los temas de la virtud y el vicio, la clasificación «correcta» de todos los subtemas no es tan clara, por lo que los filósofos asignan los niveles de importancia según lo desean.

Cuando enseñes el método de los *loci communes*, mi mejor consejo es que examines la naturaleza y la fuerza de cada argumento. También sugeriré —aunque sé que soy parcial— que la mayor parte de nuestro entusiasmo y juicio deberían unirse en el noble estudio de la teología (pues se esfuerza por distinguir entre la virtud y el vicio), así como en el estudio del derecho civil (es decir, qué es la justicia, qué es la equidad [ακριβοδικαιον][3] y qué es la indulgencia [επιεικες][4]). Y sí, también deberíamos estudiar con entusiasmo cada uno de los temas que den fruto en la descripción del conocimiento.

A medida que estudies estos temas, tengo dos sugerencias importantes. En primer lugar, te insto a distinguir cuidadosamente entre las fábulas y la historia real. Este discernimiento tiene especial relevancia en las definiciones. Como es de esperar, en cada tema habrá ciertas definiciones importantes. Por ejemplo, en el tema de la justicia, estas incluyen qué es la justicia, a quién se aplica, a quién pertenece y a quién debería pagarse.

Una advertencia: aunque esta atención a las definiciones se observa en otros autores que utilizan el método de los *loci communes*, a veces se hace a expensas de la distinción entre las fábulas y la historia real. Por ejemplo, tal falta de discernimiento se puede encontrar en los escritos de Gelio[5], en los escritos de Crisipo[6], y aun más atrozmente en los escritos de Hesíodo[7] (donde sus enseñanzas sobre la justicia y la buena conducta se enmarcan usando una fábula, de la que obtenemos la frase «Y allí está la virgen Justicia, hija de Zeus»)[8].

Así que, una vez más, te insto a dejar de lado los relatos de fábulas o de mitología. Y no solo los inventados de manera ignorante y arbitraria, sino también aquellos relatos provenientes de cualquier supuesto autor ilustre, como Hesíodo, citado anteriormente. Pese a su fama y renombre, la descripción hesiodiana de la justicia basada en las *Leyes* (*De Legibus*) de Platón es una de las peores en este sentido[9].

Volviendo al ejemplo de la justicia, observo que la ira es compañera de la justicia. La justicia, por supuesto, es la gran defensora de la vida, pero es también la némesis de cualquiera que sea imprudente y arrogante (cumple estas funciones tanto con moderación como con precisión). La justicia se recuerda mejor cuando el poeta declara la fama de ella en cualquier momento, en cualquier lugar, a través de una bella poesía. De hecho, si uno desea alabar la justicia, debería hacer uso de la forma en que cantó Orfeo: «Se lo pasa por alto y se lo olvida»[10].

Mi segunda sugerencia importante es discernir cuidadosamente lo que es opinión. Así se establece de qué manera un autor está haciendo una separación entre lo que sabe que es verdad y lo que es su opinión. Y si aún no lo sabes, pronto aprenderás que todo el mundo tiene su propia opinión; de ahí el axioma «Que la revelen para mantener su honor».

Teognis[11] el poeta era un hombre así. Abrazó el poder de la justicia para todos, siempre que se aplicara legalmente, como en el uso de la moral de Aristóteles. También está el ejemplo de Camilo[12], el conquistador de los faliscos[13]. Y considérese el relato de *Bruto*, de Cicerón[14], sobre Manio Aquilio[15], que luchó en nombre del imperio.

Con estos ejemplos, se puede construir un estilo fluidamente listo para ordenar cualquier argumento que se presente en una especie de *loci commues* como el que hemos recibido del argumento de Cicerón a favor de la clemencia y la restitución de Marcelo en sus *Orationes*[16]. De este modo, deberíamos afirmar y proclamar: «Lo que no pueda decirse con elegancia, no vale la pena decirlo». Así ocurrió con Arquias , que fue digno de alabanza en la causa de la humanidad.

Estos son ejemplos suficientes del método de los *loci commues*. Realmente no debería pensarse que se forman de manera precipitada o azarosa. Más bien, son amigos íntimos, que nacen de los temas mismos, y se extraen de su propia esencia. Además, los ejemplos que he citado aquí proporcionan un breve índice de algunos temas de los últimos mil quinientos años. Recomiendo a todos aquellos que deseen enriquecerse con el método *loci* que los estudien seriamente.

Los usos de la ley divina

Por Philipp Melanchthon[1]
(de los *Loci Communes* de 1535)

Antes de comenzar, es imperativo recordar al lector que la ley de Dios requiere la obediencia perfecta de la naturaleza humana. Además, puesto que la naturaleza humana no puede llevar a cabo esta obediencia perfecta, se deduce que los hombres no son declarados justos ante Dios por la ley —nuestra naturaleza siempre se aferra al pecado—. Por lo tanto, el apóstol Pablo habla en contra de la justificación por la ley en nuestra naturaleza corrompida[2]. Lo señalamos brevemente, antes de profundizar en los usos de la ley divina, a fin de no inferir que la ley nos justifica. De hecho, después se tratarán estos pasajes en su totalidad.

Los oficios [o funciones] de la ley

¿Cuáles son las funciones de la ley en esta naturaleza corrompida? Son tres.

El primer oficio de la ley

El primero es el oficio civil, es decir, que todos
los hombres son refrenados y contenidos por una
cierta disciplina. De este oficio habla Pablo en 1
Timoteo 1:9: «Reconozcamos esto: que la ley no ha
sido instituida para el justo, sino para los transgre-
sores y rebeldes, para los impíos y pecadores, para
los irreverentes y profanos, para los que matan a
sus padres o a sus madres, para los asesinos».

Para establecer y llevar a cabo esta disciplina,
Dios ha ordenado: (1) magistrados; (2) la ley; (3)
instrucción común; (4) castigos; (5) el sufrimiento
humano[3]. También son pertinentes las palabras
de Pablo en Gálatas 3:24: "De manera que la ley
ha venido a ser nuestro guía[4] para conducirnos a
Cristo, a fin de que seamos justificados por la fe"».

Así pues, esta disciplina, que Pablo llama la
pedagogía en Cristo, es digna de alabanza, ciertamente porque esta institución sirve para habi-
tuarnos a lo bueno, pero también porque esta
disciplina impone un cierto orden en la sociedad

que, a su vez, nos permite escuchar y discernir el evangelio. Este maravilloso elogio [del oficio civil de la ley] debería estimular el intelecto de los moderados a fin de que no se rechace esta disciplina. Sin embargo, como he dicho anteriormente, no sucumbas a la opinión de que tal disciplina puede merecer el perdón de los pecados.

El segundo oficio de la ley

El segundo oficio —el oficio principal— de la ley divina es este: nos muestra nuestro pecado, nos acusa, nos petrifica y condena la conciencia. El apóstol Pablo habla frecuentemente de esta función, como cuando dice, en Romanos 3:20: «Pues por medio de la ley viene el conocimiento del pecado». O cuando dice, en Romanos 4:15: «Porque la ley produce ira, pero donde no hay ley, tampoco hay transgresión», y en 1 Corintios 15:56: «El aguijón de la muerte es el pecado, y el poder del pecado es la ley». Esta comprensión enseña del mismo modo que la ley aterroriza la conciencia, porque siempre nos acusa, y no solo nos hace acusaciones, sino que nos muestra nuestra debilidad natural y nos condena por nuestra ignorancia de Dios, nuestro desprecio de Dios y otras inclinaciones similares nuestras».

Por eso es casi evidente que quien intenta fervientemente aplacar la ira de Dios sin conocer su misericordia, no avanza, sino que se hunde cada vez más en la duda y la desesperación. Podemos ver esto en el ejemplo de Saulo, quien, aunque buscaba ser salvo por los sacrificios de las buenas obras separadas de la fe, no podía descansar sino que permanecía en la duda y la desesperación.

Por otro lado, no tenemos la ley separada de esta función, es decir, el golpe mortal final para los hombres, como dice Pablo en Romanos 7:9[5]. Así, «En un tiempo yo vivía sin la ley», es decir, era un hipócrita y estaba despreocupado. Pero después percibí mi debilidad y mi pecado, y me aterroricé. Así fue como se aplicó la ley al rey David en 2 Samuel 12:13, cuando fue reprendido por el profeta Natán a causa de su adulterio y quedó petrificado[6].

En resumen, la «contrición», que en estos casos se denomina «arrepentimiento», puede entenderse claramente si sabemos que este tipo de terrores son reales. En otras palabras, estos terrores —que son el fin de todos los hombres— arremeten contra nosotros no solo para que veamos que pereceremos, sino también para que sepamos que necesitamos la bondad y la misericordia de Cristo. Como dice Pablo en Romanos 11:32: «Porque Dios ha encerrado a todos en desobediencia para mostrar misericordia a todos».

Este conocimiento, pues, es un gran consuelo: cuando llegamos a la conclusión de que estamos bajo el pecado, la ley nos acusa, no para que perezcamos, sino para que busquemos la misericordia de Dios. Y para que quede claro que un consuelo tan grande nos pertenece de manera personal, se añade el dicho universal, a fin de que todos concluyan que su misericordia es en verdad para todos.

El tercer oficio de la ley

El tercer oficio de la ley en los justificados por la fe es aquel que los instruye sobre las buenas obras, sobre qué obras son agradables a Dios y sobre ciertos mandamientos en los que se ejercita la obediencia a Dios. Porque, aunque estamos libres de la ley en lo que concierne a la justificación, la ley permanece en lo que respecta a la obediencia. Pero ahora que estamos justificados, es necesario obedecer a Dios; y, en efecto, comenzaremos a cumplir al menos una parte de la ley. Y a él le agrada que esta obediencia comience en nosotros, pues somos agradables a Dios por causa de Cristo.

Conclusión

Lo entregado aquí parece ser suficiente en lo que respecta a los usos u oficios de la ley. Ahora bien, en cuanto a la justificación, debe nuevamente decirse que pertenece al segundo uso de la ley. Y otra vez digo que el tercer uso pertenece al tema de nuestras obras —de la abrogación de la ley—.

Sobre el evangelio

Por Philipp Melanchthon[1]
(de los *Loci Communes* de 1535)

El término «evangelio» aparece en los autores griegos más antiguos. En Homero, la palabra denota a alguien que obtiene una recompensa proclamando noticias alegres[2]. En Aristófanes e Isócrates[3], esta palabra significa una recompensa que se da por algo bien hecho o por un reporte de acontecimientos felices. El propio apóstol [Pablo] utiliza este anuncio benéfico.

Sin embargo, el término evangelio llegó a significar un nuevo tipo de proclamación, de modo que la ley y la nueva doctrina [evangelio] se distinguen en forma tal que esta última adquiere una influencia primordial.

La ley y el evangelio deben distinguirse

De hecho, esta distinción entre la ley y el evangelio es la consideración primordial. No me esconderé tras largas explicaciones o grandes argumentos, sino que proporcionaré las distinciones necesarias. A saber, es necesario distinguir entre:

- los mandamientos y el perdón de los pecados,
- los preceptos morales y las promesas, y también entre
- las promesas que son gratuitas y las que no lo son.

Ahora bien, como se señaló anteriormente, es la ley la que exige una obediencia perfecta a Dios. La ley no remite pecados gratuitamente, y no lo declara a uno justo (es decir, aceptable a Dios) a menos que la ley misma sea satisfecha. Ciertamente la ley contiene promesas; sin embargo, requiere la condición de que la ley se cumpla (véase arriba «las que no [son gratuitas]»).

Por el contrario, aunque el evangelio habla de arrepentimiento y buenas obras, los beneficios que se dan están contenidos en la promesa de Cristo. Esta —la promesa de Cristo— es la doctrina fundamental y propia del evangelio. Eso es porque, en Cristo, la satisfacción de la ley para la remisión de pecados se da gratuitamente. Además, el evangelio nos declara justos aunque no satisfacemos la ley.

La ley y el evangelio no deben confundirse

Pero ¿cómo se armonizan la ley y el evangelio? La respuesta breve: el evangelio se predica igualmente con la ley y el arrepentimiento, pero la promesa de la gracia debe exponerse correctamente. Permítanme desarrollarlo.

Como la mayoría de ustedes saben, la ley también contiene promesas. Sin embargo, debe observarse lo que las distingue. Es decir, en las Sagradas Escrituras hay dos tipos de promesas. El primero pertenece a la ley y tiene las condiciones de la ley. Dicho de otro modo, las promesas se hacen con la condición de que se cumpla la ley. De este modo, las promesas de la ley son condicionales.

Por ejemplo, la ley enseña que Dios es bueno y misericordioso, pero esta bondad y misericordia se extiende solo a aquellos que están libres de pecado. Por cierto, esto es lo mismo que enseña la razón humana, lo cual significa que por medio de la razón misma se puede tener un cierto conocimiento de la ley. Aquí, por tanto, cada cual puede consultar consigo mismo, pues el hombre natural encontrará dentro de sí un cierto juicio respecto de Dios —a saber, que él es misericordioso, pero solo con los que son dignos (es decir, con los que están libres de pecado)—. El hombre natural también concluirá —si es honesto— que nunca podrá agradar a Dios, ya que es impuro e indigno. Así pues, la ley y sus promesas —sea que se disciernan por medio de la Escritura o por medio de la razón— dejan a la conciencia en la duda, pues las promesas son condicionales.

El segundo tipo de promesas corresponde a las del evangelio propiamente dicho. Tales promesas no tienen como causa la condición de la ley. Es decir, no se prometen por el cumplimiento de la ley, sino gratuitamente por causa de Cristo.

En particular, esta es la promesa de la cual el evangelio habla con más claridad: la remisión de los pecados [y la justicia imputada] (también llamada reconciliación o justificación). Porque con el evangelio estos beneficios son seguros y no dependen de la condición de cumplir la ley. Si entendemos [creemos] esto, entonces finalmente tenemos verdadera remisión de pecados. Pero cuando se exigía la satisfacción de la ley, la remisión de los pecados se abandonaba como algo de lo cual no había esperanza.

Todo esto significa que la remisión de pecados y la reconciliación (es decir, la justificación) es un don gratuito y no se debe a nuestra dignidad o justicia propia. Y, sin embargo, era necesario para la justicia que hubiera alguna víctima [propiciación] por nosotros. De este modo, Cristo fue entregado por nosotros, y se convirtió en aquella víctima a fin de que, gracias a él, fuéramos agradables al Padre.

Gratuitamente, a causa de Cristo

Así pues, en el evangelio tenemos la promesa de la reconciliación. Esta promesa es claramente legal (forense) porque es [dada] «gratuitamente, a causa de Cristo». El apóstol Pablo usa explícitamente esta partícula «gratuitamente»[4]. De ahí que enfaticemos con diligencia y cuidado «gratuitamente». Véase, por ejemplo, Romanos 4:16: «Por tanto, gratuitamente por fe, para que la promesa sea segura»[5].

Ahora bien, esta partícula, «gratuitamente, a causa de Cristo», es la distinción entre la ley y el evangelio. Si no notamos esta partícula de la promesa gratuita, seguirá habiendo duda en nuestras mentes, el evangelio se transformará en ley, y nada comunicará a nuestras conciencias la

remisión de pecados o la justificación. Si no notamos esta partícula de la promesa gratuita, todo lo
que nos queda es nuestro juicio natural (nuestra
razón), que es la ley, no el evangelio.

Por lo tanto, nuestros adversarios, aunque
griten que están enseñando el evangelio, siguen
dejando la conciencia en duda porque no enseñan que la reconciliación es gratuita, y en lugar
del evangelio enseñan la ley, como en Hesíodo[6]
(es decir, el juicio de la razón natural).

Así pues, esta partícula, a nuestros ojos y
mentes, debe entenderse como un énfasis en
«gratuitamente». Con este fin, es necesario que
enseñemos que se trata de una promesa hecha
por gracia. Nuestro objetivo es triple: que la promesa sea segura, que la conciencia quede libre de
dudas y que obtengamos un firme consuelo de los
verdaderos terrores. Pues en estas cosas se com-
prende de verdad que esta obra es una promesa
basada en la gracia. No obstante, por sobre todo,
sostenemos que esta es la doctrina principal a la
cual se remiten todas las demás.

Sin embargo, debe observarse que la promesa
debe ser recibida. Pablo enseña esto en Romanos
4:16: «Por tanto, es gratuitamente por fe, para que
la promesa sea segura». Y 1 Juan 5:10 dice: «El
que no cree a Dios, ha hecho a Dios mentiroso»,

etc. Por consiguiente, el término «gratuitamente» no excluye la fe, sino que elimina la condición de nuestra dignidad [justicia propia] y transfiere la causa a nuestro beneficio en Cristo. Tampoco se excluye nuestra obediencia, pero la causa total del beneficio se transfiere de nuestra obediencia a Cristo para que el beneficio sea seguro. Por lo tanto, aunque el evangelio predica el arrepentimiento para que la reconciliación sea segura, enseñamos que no obtenemos la remisión de pecados y la complacencia de Dios por la dignidad [justicia] o la «novedad» de nuestro arrepentimiento. Esto es necesario para reconfortar a las conciencias fieles. Y, por tanto, es fácil juzgar cómo estas cosas concuerdan: el hecho de que podamos enseñar el evangelio del arrepentimiento y a la vez predicar la promesa gratuita de la reconciliación. Pero diré más sobre esta comparación un poco más adelante.

Cristo, en el Evangelio de Lucas, da la definición final del evangelio, en forma clara, como un artista verbal, cuando lo describe en el capítulo 24, versículo 47: «Y que en Su nombre se predicará el arrepentimiento para el perdón de los pecados a todas las naciones, comenzando desde Jerusalén». Esta es la predicación del arrepentimiento y la promesa del evangelio, que la razón no capta naturalmente, pero es revelada por Dios cuando promete que él remite nuestros pecados a causa de Cristo, y que se nos declara justos después de recibir el Espíritu Santo y la vida eterna como un regalo. Promete esto gratuitamente, de modo que es seguro.

Que sea esta, entonces, la definición del evangelio, en la que se incluyen tres componentes como beneficios propios del evangelio, a saber:

1. Que nuestros pecados son gratuitamente perdonados por causa de Cristo,
2. que se nos declara justos por gracia [a causa de Cristo], y
3. que somos reconciliados y recibidos como herederos de la vida eterna [a causa de Cristo].

Explicaremos estos tres componentes un poco más adelante. Aquí solo es necesario recordar el beneficio propio del evangelio, que de otro modo puede resumirse en una palabra: justificación.

Justificación y fe

Por Philipp Melanchthon[1]
(de los *Loci Communes* de 1535)

Como he dicho anteriormente, el evangelio es la enseñanza más elevada sobre el arrepentimiento y la remisión de los pecados a causa de Cristo. Por lo tanto, con respecto a la justificación, digo predominantemente esto: el evangelio lucha contra el pecado y enseña que necesitamos que Cristo sea nuestro mediador, porque es a causa de Cristo que se nos concede la remisión de los pecados y la reconciliación.

Si tal es el caso, se deduce inevitablemente que no se puede hablar de justificación sin hablar también de remisión de pecados. Lamentablemente, hay algunos (¡bufones, diría yo!) que, con muchas palabras, han explicado la justificación sin mencionar la remisión de los pecados —¡como si esta no tuviera relación con el tema!—. Y, sin embargo, ¡estas mismas personas creen que Dios mueve los corazones de los niños y los santifica cuando son llevados a él en el bautismo!

Pero nos estamos apartando del tema. Aquí estamos hablando de adultos, los cuales, según la enseñanza del evangelio, son quienes deben creer de acuerdo con la voluntad expresa de Dios. Es decir, sus mentes aterrorizadas deben descansar en el conocimiento de que los pecados son gratuitamente perdonados, por misericordia y gracia, a causa de Cristo. E igualmente deben saber que este perdón gratuito no se concede por la dignidad, la sinceridad, ni la fuerza de su contrición, o de su amor, o cualquier otra de sus obras. De este modo, Dios cambia nuestra mente por la fe y da la reconciliación y el perdón de los pecados.

Si esto no fuera así —y se juzgara que, al final, tendremos la remisión de pecados cuando nuestra contrición o amor sean suficientes—, nuestras mentes se desesperarían, sin saber jamás si nuestra contrición o amor son suficientes. Por eso, para que tengamos un consuelo seguro y firme, la remisión gratuita de los pecados no depende en absoluto de nosotros, sino únicamente de la misericordia y de la gracia prometidas, a causa de Cristo.

Estos conceptos no tendrían nada de absurdos, difíciles o complicados si en las Iglesias nos dedicáramos regular y suficientemente a las Escrituras. En tal caso, se sabría bien que atribuir cualquier mérito a nuestras obras solo sirve para hacer incierta la remisión de los pecados. Mejor aun, la gente de nuestras Iglesias se sentiría reconfortada por el hecho de que la remisión de los pecados es un don —independiente de nuestras obras— y, por lo tanto, es completamente segura.

Así que, con ese espíritu de dedicación, analicemos más a fondo la palabra «justificación», que, según sostenemos, apunta a la causa. Decimos que la justificación significa la remisión de pecados y la reconciliación (o aceptación) de la persona para la vida eterna. ¿Es esto lo que quieren decir las Escrituras?

Para empezar, téngase en cuenta que, para los judíos de la época de Jesús, la justificación era una palabra forense, estando la palabra «forense» relacionada con los juicios en los tribunales de justicia. De este modo, si yo dijera: «Escipión ha sido justificado de las acusaciones de los tribunales y del pueblo romano», eso indicaría que ha sido declarado justo o absuelto[2]. Por lo tanto, cuando

Pablo utiliza la expresión «ser justificado», entendemos que, de acuerdo con la interpretación judía del siglo I, significan la reconciliación y la remisión de los pecados (es decir, la absolución). Además, cuando Dios remite los pecados, simultáneamente da el Espíritu Santo, que crea nuevas virtudes en los fieles. Así pues, creemos, enseñamos y confesamos libremente —y con voz clara— que en los fieles no solo debe existir fe, sino también más fruto del Espíritu. Pero ese es otro tema, del que hablaremos más adelante. Por ahora, parece claro que esta comprensión forense de la justificación significa que la remisión de los pecados no es nuestra ni por nuestra decisión ni por nuestra dignidad o mérito. Se trata más bien de un pronunciamiento hecho por gracia, y percibido a través de la fe.

Sin duda, para Pablo, la fe —como «causa» de la justificación— significa confianza en la misericordia prometida a causa de Cristo. Aunque algunos (¡engañadores y necios, diría yo!) protestan y niegan totalmente y a voz en cuello que la fe signifique confiar en la misericordia y la gracia, dudo, sin embargo, que alguno de ellos sostenga esta opinión apelando a hombres doctos y virtuosos. Jan van Campen, un hombre sabio (aunque a veces nos critique en esta discusión), mira esto con bastante prudencia. Es decir, en Pablo, [la fe] debe entenderse como esta misma confianza en la misericordia[3]. Esto demuestra que mi interpretación es justa. Por supuesto que no excluimos el conocimiento de la historia de Cristo y de su persona y obra salvíficas, como algunos falsamente nos acusan de hacer. Porque cuando decimos confianza en la misericordia prometida a causa de Cristo, ciertamente abarco todos los artículos de la fe, y ciertamente nos referimos también a ese artículo que es la historia de Cristo, la cual trae a la mente los beneficios de Cristo —es decir, el perdón de los pecados—. Por lo tanto, esto [la fe] incluye tanto la confianza como el conocimiento de Cristo el Hijo de Dios, así como la acción (o el hábito) de la voluntad, por la cual recibe la promesa de Cristo, y en consecuencia, acepta a Cristo. Esto deja de lado la retórica elaborada. Esta fe, por tanto, significa confianza en la misericordia de Dios, que con el ejemplo da testimonio[4].

Así que aquí hablamos de la fe en el contexto de la justificación. Y reiteramos que esto proviene de las enseñanzas de Pablo. Pablo transmite la promesa de la gracia y la fe, y nosotros nos aferramos a esta promesa mediante la fe. Además, esta fe es confianza en la misericordia de Dios. La confianza, en todo este debate, desprecia nuestro mérito y requiere confiar en una justicia que no es nuestra —una justicia ajena—, a saber, la justicia de Cristo. Ahora bien, si Pablo hubiera pensado que el hombre es justo (es decir, aceptable delante de Dios o reconciliado) a causa de su dignidad, cualidades u obras, habría enseñado que confiaba en su propio mérito. No obstante, se sabe que en Romanos 3:27 dice: «¿Dónde está, pues, la jactancia? Queda excluida». Y otra vez, nos lleva al Salmo 32:1: «¡Cuán bienaventurado es aquel cuya transgresión es perdonada, cuyo pecado es cubierto!». De este modo, somos inmediatamente declarados justos cuando creemos que nuestros pecados son perdonados. Ahora bien, esta fe, que confiesa que los pecados son remitidos, es la confianza de la que hablamos. Así también con lo que se dice en Romanos 5:1: «Por tanto, habiendo sido justificados por la fe, tenemos paz para con Dios por medio de nuestro Señor Jesucristo». Porque esto se contrasta con el conocimiento de la ley, del cual se dice, en Romanos 4:15: «Porque la ley produce ira, pero donde no hay ley, tampoco hay transgresión».

Aunque los argumentos a partir de las obras son comunes y naturales, la fe se contrasta en que siempre significa confianza en la misericordia de Dios, prometida a causa de Cristo. Ciertamente creemos en este artículo como la remisión de los pecados. Además, la opinión «común y natural» es censurable, porque no proporciona más que dudas respecto de si tenemos remisión de pecados. La fe, por tanto, está íntimamente ligada a la misericordia de Dios; de hecho, la misericordia de Dios es el objeto de la fe. Por eso se dice que somos justificados por la fe. Para que se entienda bien la figura retórica, permítanme decirlo así: la justificación es por la misericordia de Dios prometida a causa de Cristo, pero esta misericordia es aprovechada a través de la fe. Los animo a leer nuevamente el capítulo 3 de Romanos, donde Pablo dice que el hombre se reconcilia no por la dignidad o las cualidades de sus obras, sino por la confianza en una justicia ajena.

Notas

El método de los "Loci Communes" —1526

1 La versión inglesa de este artículo es una traducción de Scott L. Keith, Ph. D., editada por Kurt Winrich (N. del T.).

2 Véase Desiderius Erasmus, *On Copia of Words and Ideas* (*De Utraque Verborum Ac Rerum Copia*), trad. Donald B. King y Herbert David Rix (Milwaukee: Marquette University Press, 1963).

3 *Summum jus* (griego: ἀκριβοδίκαιον) es el origen de la máxima «*Summum jus summa injuria* se pierde en la antigüedad». Es ese tipo de justicia excesivamente perfecta que ha obtenido, por sus méritos, el título de vicio opuesto.

4 Justicia más allá de la justicia ordinaria.

5 Aulo Gelio fue un autor y gramático latino.

6 Crisipo de Solos fue un filósofo estoico griego.

7 Hesíodo es uno de los primeros poetas griegos, a menudo llamado el padre de la poesía didáctica griega.

8   Véase Hesiod, *Works and Days, Theogony, and the Shield of Heracles*, trad. Hugh G. Evelyn-White (Mineola: Dover, 2006), ll. 248-64.

9   Véase Plato, *Laws*, trad. Benjamin Jowett (Champaign, IL: Project Gutenberg, 1990).

10 Véase Pseudo-Higinus, *De Astronomica*, 2. 7.

11 Un poeta trágico del que habla despectivamente Aristófanes.

12 Marco Furio Camilo fue el salvador y segundo fundador de Roma.

13 Los faliscos eran los habitantes del bajo Ager Falisco, cerca del monte Soracte.

14 *Bruto*, de Cicerón (también conocido como *De claris oratibus*) es una historia de la oratoria romana. Véase Graham Vincent Sumner, *The Orators in Cicero's Brutus: Prosopography and Chronology* (Toronto: University of Toronto Press, 1973).

15 Probablemente un hijo de Manio Aquilio, cónsul en 129 a. C.; fue un leal seguidor de Cayo Mario. Durante la campaña electoral para el cuarto consulado de Mario, Aquilio quedó al mando del ejército en caso de que los cimbrios migrantes atacaran antes de que Mario pudiera regresar para comandar personalmente el ejército.

16 Véase M. Tullius Cicero, «For Marcellus», en *The Orations of Marcus Tullius Cicero*, trad. C. D. Yonge (London: George Bell & Sons, 1891)."

17 Nació en Antioquía de Siria (la actual Antakya, en Turquía) y era conocido como un orador *improvisatore*. En el año 62 a. C., fue acusado por un tal Gracio de haber asumido la ciudadanía ilegalmente, y Cicerón lo defendió con éxito en su discurso «Pro Archia»."

Los usos de la ley divina

1 La versión inglesa de este artículo es una traducción de Scott L. Keith, Ph. D. (N. del T.).

2 P. ej., Ro 3:20, Gá 2:16, Gá 3:11.

3 Aquí Melanchthon utiliza «*calamitates humanas*» (calamidad o tribulación humana), diciendo que tal cosa se halla comprendida en el primer oficio de la ley. Lo utiliza en el mismo sentido que Pablo en Ro 5:1-5: «Por tanto, habiendo sido justificados por la fe, tenemos paz para con Dios por medio de nuestro Señor Jesucristo, por medio de quien también hemos obtenido entrada por la fe a esta gracia en la cual estamos firmes, y nos gloriamos en la esperanza de la gloria de Dios. Y no solo esto, sino que también nos gloriamos en las tribulaciones, sabiendo que la tribulación produce paciencia; y la paciencia, carácter probado; y el carácter probado, esperanza. Y la esperanza no desilusiona, porque el amor de Dios ha sido derramado en nuestros corazones por medio del Espíritu Santo que nos fue dado».

4 παιδαγωγὸς, o *paidagogós* (de *país*, «un niño que se desarrolla mediante una instrucción estricta»): propiamente, un supervisor nombrado legalmente y autorizado para entrenar (educar) a un niño administrándole disciplina, castigo e instrucción (es decir, haciendo lo necesario para promover su desarrollo).

5 Ro 7:9: «En un tiempo yo vivía sin la ley, pero al venir el mandamiento, el pecado revivió, y yo morí».

Sobre el evangelio

1 Un agradecimiento especial al Sr. Kurt Winrich por editar este artículo y hacerlo limpio y legible. [N. del T.: La presente es una traducción de la versión inglesa editada por Winrich].

2 *La Odisea*, Canto XIV, l. 152: «εὐαγγέλιον δέ μοι ἔστω», es decir: «Sea yo recompensado por traer buenas nuevas». Homer, *The Odyssey*, ed. G. P. Goold, trad. A. T. Murray, 2 vols., en la Loeb Classical Library [Nro. 104] (Cambridge, MA: Harvard University Press, 1919-93). Véase también *A Greek-English Lexicon*, 9ª ed., con un suplemento revisado, ed. H. G. Liddell y Robert Scott (Oxford: Clarendon Press, 1996). «εὐαγγέλιον: la recompensa de las buenas nuevas, dada al mensajero; en sentido cristiano, la Buena Nueva».

3 εὐαγγέλια θυειν, o «sacrificio por las buenas nuevas». *Theological Dictionary of the New Testament,* ed. Gerhard Kittel, trad. Geoffrey W. Bromiley, vol. 2 (Grand Rapids: Eerdmans, 1964), 723. «En el uso religioso, el mensaje es, una vez más, tan apreciado que se equipara con la actualidad. Con ocasión de estos mensajes se ofrece un sacrificio no solo por el mensaje (εὐαγγέλια θυειν), sino también por el acontecimiento proclamado. El εὐαγγέλια se estima así como un hecho en los oráculos del culto imperial».

4 *Particula exclusiva*, o «partículas exclusivas». Esto indica la exclusión radical de las obras en la salvación por gracia y la exclusión radical del mérito por la aplicación gratuita del mérito de Cristo a los creyentes (p. ej., gracia sin obras).

5   [N. del T.: El siguiente versículo se traduce desde la versión inglesa] «Así pues, la promesa se recibe por la fe. Se da como un don gratuito. Y todos estamos seguros de recibirla, sea que vivamos o no según la ley de Moisés, si tenemos una fe como la de Abraham. Porque Abraham es el padre de todos los que creen» (Ro 4:16).

6   *The Oxford Classical Dictionary*, eds. M. Cary et al. (Oxford: Clarendon, 1949), 423. «Hesíodo —Ἡσίοδος—, hijo de un ciudadano poco exitoso de Cime en Eólida, que emigró a Grecia con sus dos hijos, Hesíodo y Perses, y se estableció en Ascra, en las laderas del Helicón. Algún tiempo después de la muerte del padre, Perses, que ya había obtenido más herencia de la que le correspondía, intentó, con la ayuda de los gobernantes, obtener aun más. No se sabe cómo se resolvió la disputa, pero parece que llevó a Hesíodo a iniciar una serie de admoniciones morales en verso hexámetro, las cuales más tarde dieron lugar al poema "Los trabajos y los días". Heródoto lo considera contemporáneo de Homero, pero la antigüedad tardía es incierta. La opinión moderna lo considera, generalmente, posterior a Homero, pero no hay un acuerdo sobre la fecha».

Justificación y fe

1   La versión inglesa de este artículo es una traducción de Scott L. Keith, Ph. D., editada por Kurt Winrich (N. del T.).

2   *The Oxford Classical Dictionary*, eds. M. Cary et al. (Oxford: Clarendon, 1949), 815. «Escipión Africano el Mayor, Publio Cornelio (236-184 a. C.), hijo de Publio. En 199, Escipión fue elegido censor y se convirtió en

princepes senatus. Ferviente partidario de una política
filohelínica, en su segundo consulado (194) insistió,
prudente pero inútilmente, en que Grecia no debía ser
evacuada por completo, no fuera que Antíoco de Siria
la invadiera. En 193 fue enviado a Cartago para inves-
tigar una disputa fronteriza entre Cartago y Masinisa.
Cuando su hermano Lucio recibió el mando contra
Antíoco (190), Africano, que constitucionalmente aún
no podía ser reelegido cónsul, fue «asociado» al mando.
Tras pasar a Asia, donde recuperó de manos de Antíoco
a su capturado hijo Lucio, Escipión cayó enfermo y no
participó activamente en la victoria de su hermano en
Magnesia (189). Mientras tanto, en Roma, se lanzaron
contra los Escipiones ataques políticos dirigidos por
Catón, los cuales culminaron en los «Juicios de los Escipiones», respecto de los cuales las pruebas antiguas son
contradictorias. Africano intervino cuando Lucio fue
acusado en 187; si él mismo fue acusado formalmente,
ya sea en 187 o en 184, es incierto. Pero su influencia
se vio socavada y se retiró amargado y enfermo a Liter-
num, donde murió poco después (184)». Véase también W. Schur, *Scipio Africanus und die Begründung der
römischen Weltherrschaft* (1927); H. H. Scullard, *Scipio
Africanus in the Second Punic War* (1930).

3   Melanchthon utiliza la versión latinizada de su nombre, «Campensis». Véase Peter G. Bietenholz y Thomas
Brian Deutscher, *Contemporaries of Erasmus: A Biographical Register of the Renaissance and Reformation*, 3
vols., The Collected Works of Erasmus, vol. 1 (Toronto:
University of Toronto Press, 1995), 255. «Jan van Campen (Campensis), descendiente de una respetada familia de Kampen, en Overijssel, completó su educación en

la Universidad de Lovaina, donde es posible que ya en 1509 se preparara para la carrera teológica y el sacerdocio. La inclinación independiente y erudita de su mente lo llevó a centrarse en el estudio de la Biblia y del hebreo. Había mostrado interés por las primeras obras de Lutero y Melanchthon, pero al parecer ni siquiera los teólogos de Lovaina encontraron motivos para cuestionar su ortodoxia».

4 Para Melanchthon, la «fe salvífica» (*fides salvifica* o *fides propria*) es una verdadera fe personal compuesta de tres partes: (1) *notitia*, o conocimiento del Cristo histórico y de su persona y obra salvadoras; (2) *assensus*, asentimiento a la verdad intelectual de ese conocimiento; y (3) *fiducia*, o confianza, es decir, una certeza fiel que, por un acto de la voluntad cambiada, se apropia salvíficamente de la misericordia de Dios mostrada a quienes confían en él por causa de Cristo. La fe salvadora no puede, por tanto, ser meramente histórica o intelectual: es volitiva.

Made in United States
Orlando, FL
22 March 2026

79555948R00058